Georg-Christian Croll

Verbesserte Probe einer Pfälzischen Geschichte in einer Nachricht von der Elisabeth von Spanheim

Georg-Christian Croll

Verbesserte Probe einer Pfälzischen Geschichte in einer Nachricht von der Elisabeth von Spanheim

ISBN/EAN: 9783743682351

Hergestellt in Europa, USA, Kanada, Australien, Japan

Cover: Foto ©ninafisch / pixelio.de

Weitere Bücher finden Sie auf **www.hansebooks.com**

Verbesserte Probe
einer vollständigern und richtigern
Pfälzischen Geschichte
in einer
genealogisch-historisch-diplomatischen
Nachricht
von der
Elisabeth von Spanheim
Pfalzgraven Ruprechts Pipan Gemahlin
wie auch von diesem Herrn selbst
als ältesten Prinzen des Pfalzgraven und Kurfürsten
Ruprechts des III
nachherigen Römischen Königs
abgefaßt und mitgetheilt
von
Georg Christian Crollius.

Hac non successit, alia aggrediemur via.
Ter. Andr.

Zweybrücken, bey Peter Hallanzy, 1762.

Vorrede.

Wann diese kleine Schrift sich einigen Beyfall versprechen darf, so bin ich dem Kurpfältzischen Herrn Kirchen- und Ober-Appellationsrath FLADT zu Heidelberg Dank schuldig, daß er mir durch seine nach kurzverwichener Michaelis Messe ausgegebene **Probe einer verbesserten / vollständigern und richtigern Pfälzischen Geschichte in einer historischgenealogischer Nachricht von dem noch nicht genugsam kundigen Ruperto Pipan / Pfalzgrafen bey-Rhein / Kaysers Ruperti ältesten Prinzen /** Anlaß gegeben hat, von eben diesem Kurprinzen und absonderlich von seiner Gemahlin Elisabeth von Spanheim einige verhoffentlich nicht unangenehme Nachrichten den Liebhabern der Pfälzischen Geschichte mitzutheilen. Des Herrn Kirchenraths so betitulte Probe seiner vollständigern Historie konte diese Zugabe leiden, und seine Vorrede verleitet mich gar, mich öffentlich gegen Ihn zu entschuldigen. Er wird darinnen ungemein ungedultig, daß ich einen Fehler in seiner fortgesetzten Nebenarbeit angemerkt habe, den er selbst dafür erklärt. Er rechnet mir es als eine Unbilligkeit auf, daß ich die Absicht seiner Schrift nicht besser eingesehen, als welche Ihn berechtiget habe, einen Irrthum für die Wahrheit zu setzen. Gleichwie ich aber nicht sehen kann, wie die Gesetze der Geschichte und zugleich der Wahrheit eine solche Absicht, man mag sie vorstellen, wie man will, erlauben mögen: So zweifle ich doch nach Seiner gethanenen Erklärung eben so wenig, daß der Tolnerische Irrthum in Ansehung des Sterbjahrs Pfalzgrav Hermann des ersten zu Achen von ihm in seiner noch ungedruckten Pfälzischen Geschichte bemerkt und widerlegt worden; ob mich gleich sein 1746 davon bekannt gemachter **Versuch oder erster Grundriß zu einer höchstnöthig und nützlichen / bisher ermangelten vollständig verbesserten Pfälzisch-Bayerischen Historie** dessen ein anders hätte bereden müssen. Ich hatte auch in meiner Abhandlung vom Ursprung des Pfälzischen Münzregals freymüthig geurtheilt, daß, was wohlgedachter Herr Kirchenrath von eben dieser Materie in **dem ersten Stück der Nebenarocit** weniges gesagt habe, **mir nicht hinreichend** scheine / **diejenige / welche in die Gründe der Rechte** (wovon die Rede war) **einzudringen** suchen / zu **befriedigen.** Diese Stelle weiß der Herr Oberappellationsrath so wohl ausser ihrem Zusammenhang gegen mich zu gebrauchen, daß er mich beschuldigt, ich rühme mich an, in die Rechte einzudringen. Ich hoffe, unsere Leser werden mich von dieser Aufbürdung befreyen. **So lächerlich aber ein** solcher Ruhm von mir seyn würde, so kann ich doch versichern, daß mir wohl niemalen solche Proben der Rechtsgelehrsamkeit entfallen werden, dergleichen die letzte Anmerkung des **noch nicht genugsam kundigen Pipan** p. 52 sq. und eben dieses Herrn Verfassers andere Schriften vorlegen. Jedoch ich rede mit dem Herrn Kirchenrath fast zu viel von Dingen, die unsern Lesern ganz gleichgültig seyn können, da sie nur unsere Personen betreffen.

Was gegenwärtige Schrift betrift, der ich in Absicht auf das Urtheil der Kenner einen bescheidnern Titul hätte geben können, wann sie nicht wirklich Verbesserungen und Zusätze der Probe einer vollständigern und richtigern Geschichte in sich enthielte: so kann ich mir, wann sie auch das leistet, was versprochen wird, kein anderes Verdienst dabey zueignen, als daß ich so glücklich gewesen bin, theils durch günstigen Vorschub, theils in meiner geringen Sammlung diejenige Urkunden zu finden, welche ich in der historischen Nachricht zu gebrauchen gesucht, und zuletzt selbsten beygefügt habe. Andere mögen sie nunmehro besser und weiter benutzen.

Duo cum faciunt idem, non est idem.

Nach-

Nachrichten von der Grävin Elisabeth von Spanheim, Pfalzgrav Ruprechts Pipan Gemahlin.

§. 1.

Die Grävin Elisabeth von Spanheim, Gemahlin des vor seinem Herrn Vatter König Ruprecht, Pfalzgraven bey Rhein, verstorbenen Kurprinzen Ruprechts, den man Pipan nennt, ist eine in der Geschichte des Durchleuchtigsten Hauses Pfalz höchstwichtige Person. Hat sie in ihrem Leben die Ehre gehabt, mit einem Pfalzgrävlichen Kurerben vermählt zu seyn, so hat sie sich auch in dem Hauß Pfalz ein unvergeßliches Denkmahl gestiftet, daß sie höchstdemselben ein Erbfünftheil der vordern Gravschaft Spanheim zugewandt. Ich versuche, Sie und Ihre merkwürdige Lebensumstände bekannter zu machen, als es meinem Wissen nach bisher geschehen.

§. 2.

Daß Elisabeth von Spanheim, von der wir reden, eine Tochter des letzten Herrn der vordern Gravschaft Spanheim Grav Simons gewesen, und so wohl diesen, als ihre Mutter Maria, Grävin von Vianden, geerbet habe, ist nunmehro so gewiß, daß es übertrieben seyn würde, älterer und fremder Geschichtschreiber deßfalls begangene Irrthümer noch zu ahnden. Es ist diß aber noch lange nicht alles, was man von Ihrem Geschlecht und Verwandtschaft zu merken hat, und zum Theil Ihre Geschichte besser zu verstehen nöthig seyn will. Ich will solches zuerst kurz in folgender Geschlechtstafel vorstellig machen, und sodann das Nöthige erweisen und anwenden.

GODFRID, Grav von Spanheim, Herr zu Starkenburg, stirbt vor 1220.
Gem. ADELHEID, Saynische Erbin, wird Wittwe und verehligt sich wieder mit Grav Eberhard dem jüngern zu Eberstein, starb 1263. Aus erster Ehe sind

JOHANN der 1, Grav von Spanheim, zu Starkenburg, und nach seines Stiefbruders, Eberhards Graven zu Sayn, genannt von Eberstein, Tod seit 1253 auch Grav von Sayn.

HEINRICH, Stammvater des zweyten Heinsbergischen Geschlechts

SIMON der 1, Grav von Spanheim zu Creutznach, 1230 bis 1266.

JOHANN 1, der Lahme, Stamm= 2c. vater der Creutznachischen besondern Linie 1266, † 1291.

GODFRID der 1, des 2ten Saynischen Geschlechts Stifter

HEINRICH 1 Grav von Spanheim zu Starkenburg, 1264=1291. Gem. Blanzeflor.

SIMON 2, zu Castellaun, † 1337. Gem. Elisabeth, Walrabs, Herrn von Montjoye und Falkenburg Tochter 1306.

JOHANN 2, zu Creutznach, † 1340 ohne rechtmäsige Erbe nachdem er 1339 seinen Neven Walram zum Universalerben seiner Lande eingesetzt.

JOHANN der 2 zu Starkenburg, 1291 bis 1301, Gem. Catharina von Ochsenstein Emichs, Grav v. Leiningen Witwe.

GODFRID Can. zu Trier u. Cöln.

HEINRICH, Grav v. Spanheim. 1294.

WALRAM, folgt dem Vater zu Castelaun 1337, u. dem Vatersbruder zu Creutznach 1340, Gem. Elisab. v. Catzenelnb. 1330.

2. Brüder, werden geistlich.

AGNES vermählte mit Grav Heinrich von Veldenz 1330

Margareth vermählt an Wildgr. Johann v. Daun † 1357.

Elisabetha war 2mal verm.

HEINRICH 2, † 1322. Gem. LORETTA v. Salm, 1314, Vormünderin bis 1328.

2 Söhne geistlich.

BLANZIFLOR Gem. Grav Friedrich von Veldenz, 1314. 1338.

ELISABETHA verm. mit Johann, dem jüngern Gr. v. Spanheim zu Starkenburg im Jahr 1346.

Margareth verm. Gr. v. Falkenstein 1354.

HEINRICH 1378=1391. unbeerbt.

JOhann † 1383 ohne Erben.

SIMON 3, Grav v. Spanheim u. Vianden, † 1414. Gem. Maria, Erbgrävin von Vianden.

JOHANN 3, der Blinde oder Edle, 1328=1374 Gem. Metza Pfalzgraven Rudolfs 1 Tochter 1331, † 1357.

Heinrich 1338 u. 1354 geistlich.

Godfrid 1338 2c. ist ausgewiesen.

Godfrid Gerlach

WALRAM 1381. † vor 1392, unbeerbt.

ELISABETH thut 1381 Verzicht bis auf einen ledigen Anfall. Gem. ENGELBERT Grav von der Mark 1381 † 29 Dec. 1391 2 Gem. RUPRECHT Pipan, Pfalzgrav † 1396 ohne Erben.

MARIA † unvermählt.

MECHTILD Gem. Rudolf Markgrav von Baden. † 1372

LORETTA Gem. Heinrich v. Veldenz 1354

JOHANN 4, der jüngere † 1414 oder 1415.

JOHANN 5, der Letzte, erbt von seiner Baase Elisabeth 4 Fünftheil der vordern Gravschaft 1417, u. † den 26 Jan. 1437, nachdem Er 1425 seine Vatersschwesternsöhne Markgrav Bernhard und Friedrich, letzten Graven zu Veldenz, zu Erben seiner Lande eingesetzt. Gem. WALPURGIS Grävin v. Leiningen

Elisabeth folgt ihrem Vater als einzige Erbin in allen Herrschaften, schenkt ein Fünftheil der vordern Gravschaft Spanheim an Kurpfalz 1416, die übrige 4 erbt ihr Vetter Johann zu Starkenburg, Viande aber G. Engelbert v. Nassau. † 1417

§. 3.

Den Anfang dieser Geschlechtsreihe kann man in dem zweyten Kapitel des ersten Abschnitts meiner diplomatischgenealogischen Geschichte der Graven von Zweybrücken, durch die dahin gehörige Urkunden gerechtfertiget finden; die Folge derselben so wol in Ansehung der Creutznachischen als Starkenburgischen ist in Herrn Ehegerichts-Raths KREMER diplomatischen Beyträgen zum Behuf der deutschen Geschichtskunde erstem Band schon zum Vergnügen der Liebhaber der Geschichte bündig erwiesen worden, sondern wird auch noch, wie wir wünschen, der Gegenstand Seiner Bemühungen seyn, wohin ich also Kürze halber verweisen will. Da ich aber am Ende dem letzten Graven von Spanheim, der Creutznachischen Linie, Simon dem III ausser unserer Elisabeth von Spanheim noch einen Sohn Walram und Tochter Maria, ingleichen gedachter Elisabeth zwey Gemahle, erstlich den Graven Engelbert von der Mark, und nach ihm den Pfalzgraven Rupert Pipan beygeleget habe, so wird man von mir den Beweiß erwarten. Diesen giebt mir das den 15 Junii 1417 von der Elisabeth von Spanheim verwittibten Pfalzgrävin errichtete Testament, worinnen sie Ihre fahrende Haabe vermacht, wie wir unten weiters anführen werden. Man kann den Anfang desselben, so viel am Ende nützlich seyn kann, in den angehängten Beylagen lesen. Sie gedenkt darinnen nicht allein ihres Herrn Vaters Grav Simons, Frau Mutter Maria (einer gebohrnen Grävin und Erbin von Vianden) sondern auch der obenbenannten Geschwister Grav Walrams und Fräulein Maria, ihrer beyden Ehegemahle Grav Engelberts von der Mark, und Herzog Ruprechts des jungen, Pfalzgraven bey Rhein, überdiß auch ihres Großvaters Walram uud Großmutter Elisabeth, ihres Vettern Graven Johannes zu Spanheim, und seiner Mutter Elisabeth, ihrer Baase.

§. 4.

Nichts kan deutlicher noch kräftiger seyn zu einem alles andre über-

übertreffenden Beweise, als ein solches authentisches Zeugniß. Der Großvater unserer Fürstin, der Elisabeth von Spanheim, war schon so glücklich gewesen, daß er die Lande seines ohne rechtmässige Erben im Jahr 1340 verstorbenen Vatersbruders, Johann des zweyten, zu Creutznach, als von ihm 1339 verordneter Universalerbe, mit denen von seinem Vater Simon dem zweyten zu Kastellaun auf ihn vererbten Landen vereinigte, und also die ganze vordere ansehnliche Gravschaft Spanheim wiederum allein regierte. Man kann hievon des Herrn Rath KREMERS drittes Stück der Beyträge § LXXXIII nachlesen. Walram starb erst im Jahr 1380, und unter seinen Söhnen war Simon der dritte, der endlich mit gedachter vordern Gravschaft auch noch durch seine Vermählung mit der Grävin und Erbin von Vianden, Maria, diese Gravschaft im Luxemburgischen verknüpfte; daher sich ihr Gemahl, einen Graven zu Spanheim und Vianden genennt, wie die angehängte Urkunden belehren.

§. 5.

Grav Simon von Spanheim und Vianden nebst seiner Gemahlin Maria, dem Sohne Walram und der Tochter Elisabeth kommen im Jahr 1381 mit einander in einer Urkunde vor, welche um so viel schätzbarer ist, als sie die letztere ganz besonders angehet. Es ist solche ein Instrument über den Verzicht, welchen gedachte Elisabeth zum Besten ihres Bruders Walram auf die Gravschaften Spanheim und Vianden, es sey Eigen, Erbe oder Lehen, väterliches und mütterliches, in Ansehung des von ihren Eltern ihr gegebnen Zugeldes oder Brautschatzes gethan, jedoch mit dem Vorbehalt, daß wann ihre Eltern und Bruder ohne rechte Leibserben abgiengen, sie alsdann wieder zu den Gravschaften und Herrschaften kommen, und ihr Recht dazu haben solle, in aller der Maase sie darzu gebohren seye. Dieses Instrument ist den 7 Junius 1381 datirt, und unter den angehängten Urkunden die erste. Man vergleiche damit, was der fürtrefliche Herr Geheimde Rath REINHARD in seinem **Erbfolgsrecht der Tochter vor den Stammsvettern**, c. III §. VIII und der dahin gehörigen Anmerkung in Ansehung dergleichen Verzichte gesagt hat. Auch die-

dieser Verzicht und die nachherige Erbfolge in den väterlichen und mütterlichen Landen bestätigt seine Sätze.

§. 6.

Elisabeth von Spanheim war also damals schon verlobt, und zwar mit dem Graven Engelbert von der Mark. Die unter n. II der angedruckten Urkunden befindliche und aus einem alten Repertorio, so noch vor dem Ende des 16 Jahrhunderts gefertiget worden, genommene Rubricken belehren uns, daß diese Verlöbniß den nächsten Freytag vor dem Palmtag, das ist, den 5 April in dem Jahr 1381, vor sich gegangen seye. Dann an diesem Tage wurde sowohl die Eheberedung von dem Grav Engelbert mit Rath Eberhards auch Graven von der Mark, Herrn zu Aremberg, und anderer Freunde, und zwar dahin abgeschlossen, daß die Vermählung noch vor Mariä Geburt vor sich gehen sollte, als auch der Hinlichsbrief Graven Simons, ihres Vaters, der seiner Tochter 12000 fl. Zugeld gab, wovon sie jährlich 1200 fl. Nutzung empfangen solte, ausgestellt. Den 12 May am Sonntag Cantate eben dieses Jahrs wurde Sie von Grav Engelbert bewidemt auf Burg und Schloß Wetter mit 1300 fl. jährlich. Die Vermählung geschahe den 12 Jul. 1381, indem Er Ihr auf Margarethentag den Hof Holthausen im Ampt Hoerde zur Morgengab gegeben. Sie wurde hierauf auch in ihrem Wittumb gebessert, da Ihr Grav Engelbert den Gudenstag oder Mittwoch nach St. Margarethentag, welcher auf den 17 Julius fällt, solchen auf vorgedachte Burg und Schloß Wetter und dazu auf Burg und Schloß Wolmenstein bewieß. Statt dessen wurde Sie hernach 1401 von Grav Adolf von Clev und Mark auf den Zoll zu Kaysersweth verwiesen, um 1000 fl. jährlich davon einzunehmen, laut der Rubrique n. VI. Was in Ansehung des Hinlichgelds unserer Grävin zwischen Ihrem Herrn Vater, Grav Simon von Spanheim, und des Graven Engelbrechts Bruders Sohn Graven Adolf von Cleve und von der Mark noch im Jahr 1410 vor Zwietracht obgewaltet, und wie solche durch den Römischen König Ruprecht, nicht als König, sondern als Freund entschieden worden, lehret dessen Urkunde n. VII, so gegeben ist den 25 Januarius 1410 auf Matthiastag.

§. 7.

So unbekannt es bisher in der Pfälzischen Geschichte und besonders des Ruprechts Pipan gewesen, daß seine Gemahlin schon vorher mit Graven Engelbrecht von der Mark vermählet war, eben so wenig findet man davon in den bekannten Grävlich Märkischen Geschlechtsreihen. Die aus des Herrn Diedrichs von STEINEN Versuch einer Westphälischen Geschichte besonders der Gravschaft Mark rc. von Herrn Hofrath PÜTTER in seinem Handbuch von Deutschen Staaten, 1 Theil 3 Abschnitt S. 348 rc verbesserte Reihe dieser Graven ergänze ich daher in Ansehung Grav Engelbrechts also:

ENGELBRECHT der II, Grav Eberhards des II Sohn, † 1328.
Gem. Mechtild einzige Tochter und Erbin Gr. Johanns von Arenberg.

ADOLF der VI, Grav von der Mark † 1374. Gem. Margaretha, Grav Theodorichs IX von Clev Tochter 1332.	EBERHARD, Grav von der Mark, Herr zu Arenberg, † 1387.

ENGELBRECHT III, Grav von der Mark geboren 1333, † Dec. 1391 unbeerbt. Gm. 1 RICHARDIS von Jülich, † vor 1381. 2 ELISABETH von Spanheim, Graven Simon von Spanheim und von Vianden Tochter 1381	ADOLF VII, wird 1357 Bischof zu Münster, 1362 Erzbischof zu Cöln, resignirt 1364, und vermählt sich mit Margaretha von Berg, wird 1368 nach seines Mutterbruders Johanns Tod Grav von Clev † 1394.	Johann Herr zu Dinßlacken.	Theodorich rc. von der Mark Probst in Cöln, hernach auch Herr zu Dinßlacken † 1406.

MARGARETHA verm. 1369 mit Philipp XI, ersten Grav von Falkenstein, starb ohne Kinder.	ADOLF VIII, Grav von Clev 1394, nach des Bruders Tod auch von der Mark 1398, zum Herzog in Clev erhoben 1417 † 1448 1 Gm. Agnes K. Rupr. T.	THEODORICH bekam die Gravschaft von der Mark † unvermählt.	Gerhard rc von Clev u. von Mark.

Grav Engelbrecht der dritte war es demnach, dem man zur Gemahlin Richardis von Jülich, eine Tochter Grav Wilhelm des siebenden, hernach Marggraven und ersten Herzog von Jülich, bisher allein gegeben hat, mit welcher er eine Tochter Margareth gezeugt, die in unfruchtbarer Ehe mit Philipp dem eilften von Falkenstein gelebt; dieser Engelbrecht der dritte war es, sage ich, der sich im Jahr 1381 zum zweytenmal, und zwar als ein 48 jähriger Herr, mit der Elisabeth von Spanheim vermählte. Er erzeugte aber keine Kinder mit ihr, und starb 1391, nachdem er noch vorher einen glücklichen Krieg gegen den Erzbischof von Cöln geführet hatte, uff seinem Behde ohne Leibs-Erben / wie die Limburgische Chronick sagt in dem Jahr 1391, in welches Jahr auf den 29 Dec. andere seinen Tod setzen. Da aber dieses Datum nach dem Stil der Römischen Kirche, welche das Jahr von Christi Geburt angefangen hat, zu nehmen ist, so fallt solches nach dem Julianischen Kalender noch in das Jahr 1391.

§. 8.

Die noch junge Wittwe, Elisabeth von Spanheim, war durch den Tod ihres einzigen Bruders Walram, zu dessen Besten sie nur auf die väterliche und mütterliche Lande Verzicht gethan hatte, nun die präsumtive Erbin der vordern Gravschaft Spanheim und der Gravschaft Vianden geworden. Eine noch junge Dame, die so grosse Hofnungen hatte, konte nicht lange ungesucht bleiben. Die Pfalzgraven, Kurfürst Ruprecht der zweyte, und sein Sohn Ruprecht der dritte, nachheriger Römischer König, respective Großvater und Vatter Ruprechts mit dem Zunahmen Pipan oder des allerjüngsten, präsumtiven Kurerben, bewarben sich vor diesen Prinzen um die reiche Elisabeth. Ihr Vater Grav Simon mußte es sich für eine grosse Ehre schätzen, und Elisabeth selbst, daß sie die Gemahlin eines Herrn werden solte, der nicht allein die Kur der Pfalzgravschaft, als der älteste und erstgeborne Prinz Ruprecht des dritten, dermaleins haben, sondern auch Universalerbe der von Ruprecht dem ersten verlassenen Erblande seyn sollte, dem schon als Kind der König Carl der fünfte in Frankreich seine Tochter Catharina, so aber nachher einen andern Gemahl gefunden, verlobt hatte, wie solches der deßfalls zu Frankfurt den 3 Febr. 1379 geschloßne Vertrag bezeugt, den LEIBNITZ in *Cod. dipl.* P. II, n. 103, p. 235 sq. eindrucken lassen. Ruprecht Pipan gab unter Bestättigung seines Anherrn und Vaters, als sie insgesamt zu Alzey waren, wo die Vermählung vollzogen wurde, seiner Gemahlin zur Morgengabe den Hof Heinsheim, niederwendig Mannheim bey Friesenheim gelegen, worauf er ihr 3000 fl. bewieß, im Jahr 1391 auf den Freitag nach St. Johann, welches der 28 Junius seyn würde. Allein da die Urkunde am Ende beschädigt ist, so kann ich dieses Datum nicht gewiß für vollständig ausgeben, indem der Bewidmungsbrief ebengedachtes Herrn, worinn er die Elisabeth auf den Burgen und Städten Lambsheim, Agersheim und Wachenheim bewiedemte mit 15000 Gulden abzulösen, gegeben ist auf den Freitag nach Johannis Baptistä Tag, als er enthauptet ward, welches auf den 30 Aug. eintrift. Es scheint also auch ersterer Brief auf diesen Tag datirt gewesen zu seyn. Grav Simon gab seiner Tochter Zugeld 6000 fl., die Ihr von ihrem Gemahl waren auf die Stadt Lauden an der Tauber belegt worden. In dem Jahre 1398 auf Dienstag vor Offartstag d. i. den 14 May aber wurden Ihr von ihrem Herrn Schwiegervater Kurfürst Ruprecht dem III vermög Verglichs 400 Gulden jährlich auf den Zoll zu Germersheim dafür solang angewiesen, bis das Zugeld würde erstattet seyn. Man sehe diese drey merkwürdige Urkunden in dem Anhange n. III, IIII und V.

§. 9.

Man erlaube mir, daß ich den nunmehrigen Gemahl unserer Elisabeth, den Pfalzgraven Ruprecht Pipan, in einer historischgenealogischen Verbindung nach den Urkunden des 14 und folgenden Jahrhunderts vor Augen stelle. Manches ist bisher noch nicht so in der Pfälzischen Geschichte bemerkt worden, und eine so kurze als zusammenhängende Vorstellung kann auf einmal vieles deutlich machen, was im Folgenden gesagt werden soll:

Kur

RUDOLF 1, der Stammler,

Stammvater des Bayrisch-Pfälzischen Haußes, stirbt den 11 Aug. 1319.
Gem. MECHTILD von Nassau, verlobt 1294, † den 19 Jun. 1328.

ADOLF, der Redliche, geb. 1300, residirt zu Heidelberg, starb den 29 Jan. 1327, begraben zu Schönau Gm. Irmengardis von Oettingen, wird Witwe u. stirbt als Nonne im Dominicaner Kloster zu Liebenau den 6 Nov. 1389 oder 1399.

RUDOLF 2, der Blinde, geb. 1306, folgt 1327 seinem Bruder in der Pfalzgravschaft als Senior, erhält nebst seinem jüngern Bruder vor sich u. des ältern Bruders Sohn im Pavischen Theilungsvertrag den 3 Aug. 1329 die Lande am Rhein u. obere Pfalz, theilt mit seinem Bruder und Neven 1328; † 1353 im Sept. Gem. Anna von Kärnthen, mit der Er Annam erzeugte, welche mit K. Carl dem 4 1249 vermählt wurde, u. den 1 Febr. 1352 starb. Er hatte auch ausser der Ehe gezeugt Johannem von Bayern, der 1361 vorkommt.

RUPRECHT 1, der Rothbärtige, der Aeltere oder Aelteste, geb. 1309, hat Antheil an dem Pavischen Vertrag 1329, u. 1338 bekommt er u. sein Neveu einen Theil der Erblanden, folgt dem Bruder in der Kur u. Pfalzgravschaft 1338 als Senior, u. zugleich in dessen Drittheil Erblande, als nächster Erbe; theilt die vorher in Gemeinschaft mit seinem Neveu besessene Lande nunmehr mit demselben ab, setzt eben diesen Ruprecht den 2 u. aus dessen Stamm jedesmal den ältesten Sohn zu Erben der Kur u. seiner Lande 1357 ein, welche Ordnung 1374 versichert und von Ihm 1379 auf Ruprecht Pipan bestättigt wird; bestimmt durch Verträge 1368 u. 1378 die von der Kur künftig unzertrennliche Lande; † den 16 Febr. 1390; hatte mit seinen 2 Gemahlinen, 1) Elisabeth von Namur, 2) Beatrix von Berg, keine Kinder erzeugt, aber in Unehe Anselmen von Hemspach, Rittern.

RUPRECHT 2, der Jüngere oder Aeltere, mit dem Zunahmen Brandutze oder der Ernste, ist in dem Pavischen Vertrag 1329 mit begriffen, hat mit seinem Vatersbruder Ruprecht 1 von 1338 an einen Theil der Lande in Gemeinschaft, theilt aber mit ihm 1353 und erhält sein väterliches Erbdrittheil, trift eine Erbvereinigung mit eben demselben 1357, und reversirt sich deßwegen wieder 1374; nimmt Antheil an den Verträgen 1368 und 1378 die Kurlande betreffend, folgt endlich Ihm in der Kur, Kurlanden und Erblanden 1390, bestättigt mit seinem Sohn 1392 die Ordnung in Ansehung der Kurfolge und Erbschaft der Pfalz von Ruprecht dem 1, macht mit seinem Sohn 1395 eine Constitution, darinn das Recht der Erstgeburt auf alle Erblande ausgedehnet wird, stirbt den 8 Jenner 1398.
Gem. BEATRIX, K. Peter des zweyten in Sicilien Tochter.

RUPRECHT der 2, Kurfürst starb den 8 Jenner 1398 Ihm folgt sein Sohn

RUPRECHT der 3, der Jüngste oder Jüngere, mit dem Zunahmen der Kleine, Clemm oder Clement,° hat Antheil an dem die Kurlande bestimmenden Vertrag 1378, bestättigt mit dem Vater 1392 seinem ältesten Sohn Ruprecht Pipan die Erbschaft der Pfalz, errichtet mit jenem 1395 die Constitution, welche aber unvollzogen geblieben, wird den 10 Aug. 1400 zum Röm. König erwählt, beschlos nach Absterben seiner 2 ältesten Söhnen, welche zur Zeit der Constitution allein majoren gewesen, und da sein Vater auch gestorben war, eine andere Ordnung, und befahl in seinem letzten Willen, daß solche den ältern Hausverträgen gemäs eingerichtet werden sollte, so auch nach seinem Tod durch die berühmte Theilung 1410 geschahe, kraft deren der älteste noch lebende gemäs den Verträgen 1368 und 1378 die Kur nebst den Kurlanden zum Voraus erhielt, die übrige Erblande aber mit seinen 3 andern Brüdern theilte; † den 18 May 1410. Gem. ELISABETH, Burggravs Friedrichs zu Nürnberg Tochter, verlobt 1366, vermählt 1374, starb den 26 Junii 1411.

ADOLF, geb. 1355, † d. 1 May 1358, liegt zu Liebenau begraben.

RUPRECHT pipan der Allerjüngste oder Jüngste, wird schon als ein Kind 1379 bey Verlobung mit Catarina, K. Carls 5 in Frankreich Tochter, als präsumtiver Kur- u. Universalerb Ruprechts 1 erklärt, als solcher 1392 bestätigt u. endlich 1395 zum einigen Erben u. Hrn. der Pfalz verordnet, † ohne Erben 1396. Gem. ELISABET Erbgrävin v. Spanh. u. Vianden 1392, schenkt 1416 Ihrem Schwager Ludwig ein Fünftheil der vordern Gravschaft Spanheim. † 1417.

FRIDRICH, ist 1395 majoren besiegelt die Constitution, ist todt 1401.

LUDWIG 3, der Bärtige, ist noch 1395 minderjährig, aber 1401 majorenn, ~~durch~~ sich mit dem Bruder Johan, wegen des vertrags, 1378, reversirt u als Kurerbe erhält Er 1410 das Kurpräcipuum u. ein 4. Erblande, und 1416 schenkt Ihm Elisabet ein erbfünftheil

JOHANN ist noch minoren 1365 aber 1401 majoren bekomt 1410 ein viertheil der Erblanden.

STEPHAN Ihm macht seine Schwägerin Elisabet 1408 Hofnung zu einem Erbtheil ihrer Landen, so sie aber hernach dem Schwager zuwendet, verm. sich mit Anna Erbin v Veldenz 2c. erhält 1410 ein Viertheil der Pfälzischen Erblanden, spricht 1417 das Pfälzische erbfünftheil an Spanheim an, so aberkannt wird.

OTTO erhält 1410 ein Quart der Erblanden.

§. 10.

Ich führe aus vorstehender umständlichen Genealogie derivative nur an, daß nachdem Ruprecht der erste sahe, daß er selbsten keine Leibslehnserben hinterlassen würde, er seines Bruders Sohn Ruprecht den zweiten zu seinem Leibslehnserben, und Erben des Eigenthums ernannte, und zwar mit dem Anhang, daß dessen ältester Sohn die Herrschaft, so er Ruprecht der erste an der Pfalz und zu Bayern verlassen würde, besitzen, und allweg ewiglichen nicht mehr als ein Sohn von des Vaters Stamm, und zwar der älteste, gedachte Herrschaft erben sollte, wie solches die Urkunde der Erbeinigung, welche von H. Ruprecht dem 2 im Jahr 1357 darüber ausgefertigt worden, und so wohl in der **gründlichen Deduction des Churpfalz auf die eventuale Succession in das Herzogthum Zweybrücken zustehenden Primogenitur und hieraus gegründeten Consolidationsrechtes** 2c. **Mannheim** 1727 / Beylagen, n. VII, p. 7, 8, als auch deren Wiederlegung oder **rechtlicher Ausführung der Pfalzbirkenfeld auf die bevorstehende Succession in dem Herzogthum Zweybrücken competirenden possessorischen Gerechtsame / zweytem Theil** 2c. 1729, Beylagen n. VII, p. 7, wie auch in der **gründlichen Ableitung der in der Veldenzischen Successionssach auf das Churpfälzische an Pfalz-Sulzbach den** 12 **Oct.** 1695 **abgelassenes Schreiben unterm Nahmen der Herren** *Agnatorum proximi gradus &c.* **gegen** *Repraesentation*, **Mannheim** 1727 / **Beylagen zu der Churpfälzischen Gegenableitung**, n. IV, p. 5, 6, zu lesen ist, deutlich besaget. Eben darüber muste sich auch Ruprecht der zweite gegen Ruprecht den ersten den 2 Jul. 1374 nochmals reversiren. Es war also in dieser Ordnung das väterliche Erbdrittheil H. Ruprecht des zweiten nicht begriffen, sondern solches nach wie vor theilbar. Diß ist der Schlüssel zum Verstand so wohl der Eheractaten von 1279, worinnen Ruprecht Pipan als unicus haeres & universalis successor Ruperti senioris Comitis Palatini deklarirt wird, als auch des Versicherungsbriefs vom Jahr 1392, der zu Alzey sexta feria post decollationem S. Johannis Baptistae, das ist den 3 Sept. datiret ist, und mithin zur Zeit seiner Vermählung ausgestellt worden,

wo-

worinnen sich Ruprecht der II und III auf das Fundamentalgesetz, daß allezeit der elteste Sohn an der Pfaltze [illegible]grave seyn und verbleiben solle, beziehen, [illegible] sofort, weil nun H. Ruprecht der Jüngste (pipan) H. Ruprechts des Jüngern (III) eltester Sohn seye, gegen einander versprechen, daß so er sie beyde überleben würde, er bey der Pfalz und bey allen den Schloßen und Landen der Pfalz verbleiben solle in aller der Maße, als es dem eltesten Sohne an der Pfalz vermacht, verbriefet und versiegelt seye. Es ist dieser Versicherungsbrief zu finden in der **abgenöthigten Acten und Geschichtmäßigen gründlichen Untersuchung einer sogenannten Rupertinischen Constitution** *de anno* 1395, so 1727 heraus gekommen, Beylagen lit. w, p. 101.

§. 11.

Der jüngste Ruprecht, Pipan zubenahmet, hatte also grosse Aussichten vor sich, die sich aber ungemein erweiterten durch die vortheilhafte Verbindung mit der Elisabeth, Erbin von der vordern Gravschaft Spanheim und der Gravschaft Vianden. In der *Continuatione actorum compromissi Francofurtensis* p. 144 liest man eine obwohl sehr verfälschte Nachricht von einer Urkunde, so sie als Braut und präsumtive Erbin betrift. Sie ist folgende: *A.* 1391 *Johannes Comes Spanheimensis praecipit subditis suis & vasallis, ut, si ipsi sine liberis masculis decesserint, filiae suae Elisabethae Roberti II Electoris sponsae subiiciantur tanquam verae ac legitimae suae Dominae, quam deinde praefectus & burgenses de Creutznach, se quasi Dominam observaturos pollicentur. Idem etiam praestant praefecti & burgenses in Kirchberg, Vianden, Castelaun & Winterberg.* Es werden darinn in Ansehung des Vaters, als welcher Simon geheissen, in Ansehung des Bräutigams, der Ruprecht der jüngste ein Enkel Kurfürst Ruprecht des zweiten gewesen, und endlich auch in Ansehung des Jahres Fehler begangen. Nach einer andern Urkunde, welche erst feria quinta ante Dominicam Esto mihi 1393, mithin den 12 Febr. datirt ist, bekennen **Ruprecht der allerjüngst Pfaltzgrave bey Ryne / Hertzog in Bayern** seine **Ehelliche Haußfrauwen** vor sich und ihre Erben, daß wann ihr respective **Schweher und Vatter / Grave Symon Grave zu Sponheim vnd zu Vianden / von Dote wegen abginge** / sie alle **Mann vnd** und Burgkmann in der Graveschafft von Spanheim hie dysse sytten vnd gein sytten Sanns / halten vnd verliben laszen sollen und wollen, by vnd in allen iren Fryheitten / Rechten und guteen Gewonheitten ꝛc wie die Worte in der Urkunde lauten, welche der hochberühmte Freyherr von SENKENBERG seiner *Disq. de successione filiarum*, in adjunct. n. V, p. 31 einverleibt hat.

§. 12

Dem Pfaltzgrav und Kurfürst Ruprecht dem II war es noch nicht genug, seinem erstgebornen Enkel Ruprecht Pipan durch die Erbeinigung vom Jahr 1357, die Verträge von 1368 und 1378, worinnen der Kur gewisse Vesten und Städte mit ihren Zugehörungen am Rhein und in Bayern gewidmet werden, und wiederholter durch den Revers vom Jahr 1274 und Urkunde vom Jahr 1392 die Nachfolge in der Kur und Erbschaft nicht allein der auf ewig damit verknüpft gehen sollenden Kurlande, sondern auch der ganzen Verlassenschaft Kurfürst Ruprecht des I versichert zu haben. Er suchte im Jahr 1395 durch ein gemeinschaftlich mit seinem Herrn Sohn Ruprecht dem III nachherigen Römischen König errichtetes Haußgesetz, an dessen Daseyn nicht wohl gezweifelt werden kann, das Recht der Erstgeburth auf alle Lande der Pfalz, worinn mithin auch das ihm 1353 zugetheilte väterliche Erbdrittheil begriffen war, zum Vortheil seines ältesten Enkels auszudehnen, so daß die nachgeborne Söhne Ruprechts des III nur ausgewiesen, und zwar gewisse Lande zu ihrem Unterhalt, aber doch in einer Abhänglichkeit von dem ältesten haben sollten, wobey der erste unter den nachgebohrnen Friedrich wiederum am besten bedacht wurde. Beyde Prinzen Ruprecht Pipan und Friedrich waren zur Zeit dieser Ordnung zu ihrer Volljährigkeit gekommen, welche Kraft eben derselben in Rücksicht auf die Administration auf das 20te Jahr gesetzt worden, ausgenommen wenn ein Römischer König gewehlt würde, in welchem Fall das durch die Güldene Bulle festgesetzte 18te Jahr hinreichend seyn sollte. Sie haten daher auch unter den Brüdern gedachte Constitution besiegeln helfen. Die übrige 4 Brüder, Ludwig, Johann, Stephan und Otto waren zur Zeit dieses Gemächtes noch alle minderjährig; und ihr mütterlicher Großvater der Burggrav von Nürnberg, dessen Einwillizuzug um so nöthiger war, wollte nicht durch Besieglung eine Sache bekräftigen, die ihm mißfällig gewesen seyn mag. Da also die Constitution in der Folge unvollzogen geblieben, und durch K. Ruprechts letzten Willen und dem zufolge im Jahr 1410 vorgenommene Theilung der Lande unter den noch übrigen 4 Söhnen alle Kraft verlohren hat, so ist es nicht nöthig, das wesentliche ihres Innhalts umständlicher anzuführen. Sie ist nicht allein gedruckt zu lesen in der schon obenangeführten **Kurpfälzischen gründlichen** *Deduction* rc. Beylagen n. IX, p. 19, sondern ist auch mit widerlegenden Anmerkungen in der **Gründlichen Untersuchung einer so genannten Rupertinischen Constitution** *de a.* 1395 herausgegeben worden. Der Vertrag vom Jahr 1368 ist in eben diese Deductionen eingerückt, der von 1378 aber in den zu Mannheim herausgekommnen *notaminibus super Struvii formula successionis Palatinae*, Beylagen Lit. F, p. 16 u. 17 bekannt gemacht worden, und beyde zusammen finden sich in der **Gründlichen Gegenableinung** rc. und deren Beylagen, n. V & VI, p. 7 – 9.

§. 13.

Ruprecht Pipan, zu dessen Vortheil Kurfürst Ruprecht der I, sein Großvater Ruprecht der II, und Vater Ruprecht der III ihre Ordnungen gemacht hatten, der daher ein sowohl von ihnen äusserst geliebter Prinz, als ein an und vor sich hofnungsvoller Herr gewesen seyn muß, durch dessen Vermählung mit der Erbgrävin Elisabeth von Spanheim der Plan der zukünftigen Größe des Hauses Pfalz sehr erweitert worden, war 1396 einer der freywilligen Herrn, welche der Eifer vor das Wohl der Christenheit und ein tapferer Muth angetrieben hatte, dem Feldzug gegen die Türken, als gegen welche Herzog Johann der unzaghafte von Burgund dem König Sigismund zu Hülfe gezogen war, beyzuwohnen, und die Gefahren des Krieges kennen zu lernen. Der traurige Ausgang, den diese Campagne durch die fatale Schlacht bey Nikopolis den 28ten September 1396 nahm, zog einer Menge der dabey gewesenen Fürsten und Herrn das grausamste Schicksal zu. Pfalzgrav Ruprecht überwand es zwar, und entkam noch, obgleich von Kummer und Dürftigkeit begleitet, nach Amberg.

Allein

Allein er fand hier kurz hernach sein Grab. Man setzet gemeiniglich seinen Tod noch in eben das Jahr 1396. Es benimmt auch die Urkunde in des Freyherrn von GUDENUS *Codicis diplom. Mog.* 3ten Theil, n. CCCLXXXIX, welche auf den Tag S. Simonis & Iudae datiret ist, und unsers Herzogs Ruprecht des jüngsten noch als lebend gedenkt, jener Meinung nichts an ihrer Wahrscheinlichkeit, da zwischen dem 28ten Oct. und dem Ende des Jahrs noch Zeit genug zu sterben war, und besonders sein frühzeitiger Tod eine Folge der ausgestandenen Gefahren und Mühseligkeiten gewesen seyn mag. Es mag dem aber seyn wie ihm will, so war er wenigstens nach der Urkunde n. V. 1398 schon todt, und sein Absterben vor sein Durchleuchtigstes Hauß ein um so härterer Fall, als er in der kurzen Ehe mit Elisabeth von Spanheim noch keinen Erben erzeugt hatte. Es gieng also damals auch die Hofnung eines Anfalls der Spanheimischen Landen mit Ihm zu Grabe.

§. 14.

Der Großherrvater unsers Pfalzgraven Ruprecht des jüngsten, Kurfürst Ruprecht der II, erlebte also noch diesen Fall; indem derselbe erst im Jahr 1398, und zwar, wie Jacob Ludwig BEUTHER ehemaliger Zweybrückischer Bibliothecarius in seinem *Diario Palatino s. Calendario historico Serenissimae & illustrissimae domus Palatinae Rheni & Bavariae &c.* wovon ich ein von ihm 1618 geschriebenes Exemplar bey Handen habe, aus einem *Chronico Palatino Mscto* anführt, den 8 Jenner gestorben ist. BEUTHER führt dabey ausdrücklich an, daß die einen Irrthum begiengen, welche den 5ten Jenner zu seinem Sterbetage machten. Er verbessert also hierinn seinen Fehler so gut, als er es auch in Ansehung Kurfürst Ruprechts des I gethan hat, da er in seinem Calendario unter dem 16ten Febr 1390 seinen Tod bemerkt. Man vergebe mir diese kleine Digression, da sie zu Berichtigung des Lebensendes eines grossen Kurfürsten gehört. Nach der Constitution vom Jahr 1395 war nach dem ältesten unter seinen Enkeln und Söhnen Ruprechts des III, der zweytälteste Friedrich am besten bedacht worden; aber auch dieser folgte seinem Bruder Ruprecht Pipan bald nach, und war wenigstens schon 1401 nicht mehr,

§. 15.

Es hatte sich durch den Hingang der zwey ältesten Söhne des nunmehrigen Kurfürst Ruprechts des III und nachherigen Römischen Königs, die Zahl seiner Söhne bis auf vier vermindert. Es konte also um so viel weniger eine Theilung der Erblande unter den noch übrigen Söhnen dem Kurhauß verkleinerlich werden; diejenige Personen waren nicht mehr da, auf welche man bey der Ordnung von 1395 am meisten gesehen hatte; die Pfälzische Prinzen konnten sich und ihrem Hause grosse Vortheile erwerben, welche weggefallen seyn würden, wenn Sie blos ausgewiesene Herren gewesen; ja es war zu befürchten, daß das ganze Durchleuchtigste Hauß bald auf schwachen Füssen stehen dürfte, wenn die nachgeborne als apanagirte Herrn, wie leicht geschehen konte, unvermählt bleiben würden; mit dem Tode Kurfürst Ruprechts II schien der Geist der Constitution von 1395, der durch ihn das ganze Hauß belebt, aufgehört zu haben, und das Primogeniturrecht nur auf die Kurlande wieder eingeschränkt werden zu sollen. Der Revers des nunmehr ältesten und Kurprinzen Ludwig, und des zweyten Prinzen Johann vom Jahr 1401 beziehet sich nur auf die Verträge, kraft welcher gewisse Vesten und Städte nebst ihren Zugehörungen dergestalt mit der Kur verknüpft werden sollten, daß sie davon nicht entfremdet noch geschieden werden könten. Man lese denselben in der mehr angeführten **Kurpfälzischen Deduction**, wie auch in deren Widerlegung oder **rechtlichen Ausführung 2 ten Theil** unter den Beylagen n. L, desgleichen in der Gründlichen **Untersuchung** rc. Lit. K, und in den *Notaminibus super Struvii formula successionis* lit. G. Die im Jahr 1410 unter den 4 Söhnen König Ruprechts dessen letzten Willen gemäß gemachte Theilung hat endlich gar die Constitution ihres Ansehens und Gültigkeit beraubet, wie solches in der oftangeführten Gründlichen Untersuchung rc. und andern Pfalz-Birkenfeldischer Seits in der Zweybrückischen Successionssache durch den Druck bekannt gewordnen Schriften des mehrern zu lesen.

§. 16.

Man wird denken, daß ich die Elisabeth von Spanheim vergessen habe.

habe. Allein Sie soll nun wieder auftreten, weil ich glaube so viel gesagt zu haben, als der Zusammenhang der Geschichte erforderte, ohne welchen sich die einzelne Theile nicht wol begreifen lassen. Im Jahr 1408 that sie ihrem Herrn Schwiegervater, dem Römischen König Ruprecht, das erste Versprechen, daß sie dessen Hauß bedenken wolle. Es war dazumal schon eine Eheberedung im Werk zwischen dem 3ten noch lebenden Sohn K. Ruprechts, Pfalzgrav Stephan, dem glücklichen Stifter der Simmerischen und Zweybrückischen Linien, und der Grävin Anna von Veldenz, einer Tochter Grav Friedrichs des letzten zu Veldenz. Zur Beförderung dieser Ehetractaten versprach die Elisabeth von Spanheim verwittibte Pfalzgrävin, nach dem vollgültigen Zeugniß Kurfürst Friedrichs zu Brandenburg, des Onkle gedachten Herzog Stephans, als der solches von dem Römischen König gehöret habe, daß jene ihren Schwager **Herzog Stephan und die von Veldenz als vor ire Kinde halten und haben wollte/ wann sie abgienge/ was sie dann nach Irem Tode ließ/ das sollte denselben folgen und blieben.** Dieses Zeugniß ist geschrieben Freytag nach dem Sonntag Cantate 1417, d. i. den 14 May. Noch bestimmter ist das Zeugniß Herzog Johannes, des zweyten unter den 4. Söhnen K. Ruprechts, vom Mittwochen vor dem Sontag voce Jucunditatis, oder den 12 May ebengedachten Jahrs. Dieser sagt aus, von seinem Herrn Vater und Frau Mutter, dem Römischen König und der Königin, gehört zu haben, **daß die Heyrade zwischen** seinem **Bruder Herzug Stephan** und seiner **Schwester von Veldentze darof bered und gemacht worden weren/ und Inen** Ihre **Swester von Spanheim getet habe/ daß Crüznach demselben** seinem **Bruder Herzug Stephan nach** Ihrer **Swester von Spanheim Tode werden** solte/ mit **dem Rechte/ als Sie das** Ihrem **Herrn und Vatter** seel. dem **Römischen König Ruprecht** versprochen hette, **und** der **Bischof zu Spire** solte seinem **Bruder das lieben/als er auch das gethan habe.** Ferner habe er Herzog Johann von seinem **lieben Herrn und Vatter** sel. **gehört/als Kirchpurg of dem Hondsrucke zu Lehen rüre von der Pfaltz/ daß das auch dem obgenannten** seinem **Bruder Herzug Stephan**

 werden

werden solle / in der maßen als das beredt worden of der Heyrath. Daß auch der Bischof und Speyer Raban, der zugleich Königlicher Canzler war, unsern Herzog Stephan wirklich daraufhin belehnet habe, bezeugt dessen zu Heidelberg feria secunda prope post beati Martini Episcopi den 12ten November im Jahr 1408 ausgefertigter Lehenbrief. Zu diesen Fürstlichen Zeugen kommt endlich noch ein andrer unverwerflicher, **Wernher Ernst von Sanct Gewer**, der Geistlichen Rechte Licentiat, welcher der Römischen Königin Elisabeth oberster Schreiber gewesen war. Dieser bezeugt auf Quasimodogeniti 1417 oder den 18 April, ebenfalls zu der Zeit gehört zu haben, daß die Pfalzgrävin Elisabeth von Spanheim, Witwe, **von eygen früen Willen und ungenotiget ettwie dicke vor der Königinne und auch dem Herzog Stephan selbst gesprochen habe / tresslich mit Ernste nach ir Wort Lüte / Geberde und Gestalt also Myn lieber Bruder Herzug Stephan soll myne Sone syn und mich erben nach mym tode / und weiß auch niemand lebendig / dem ich das myne baß gonne / dann Jme und han mir Jne besonder dazu ußerkoren.** Daß die Verlöbniß zwischen H. Stephan und der Anna von Veldenz wirklich vor sich gegangen, ist bekannt, und zwar im April 1409, wie aus den Ehepacten zu ersehen bey JOHANNIS in den *miscellis hist. pal cum maxime Bipontinae* p. 91 -- 93., welche auch von der Elisabeth von Spanheim, verwittweten Pfalzgrävin, mitbesieglet worden.

§. 17.

Fünf Jahre darauf nehmlich 1414 und zwar den 29 Aug. starb der Elisabeth von Spanheim Herr Vater Grav Simon von Spanheim zu Creuznach laut der Innschrift des noch vorhandenen Epitaphiums, und hinterließ sie als einzige Erbin der von Ihm besessenen Grav- und Herrschaften. Nun kam es darauf an, daß sie ihr Versprechen erfüllte, so sie dem König Ruprecht im Jahr 1408 gethan hatte, als welches eben die Vermählung zwischen Herzog Stephan und der Grävin Anna von Veldenz befördert hatte. Statt aber daß Herzog Stephan das ihm versprochene Erbtheil zugefallen wäre, so wendete es Elisabeth dem ältesten unter ihren Schwägern, Kurfürst Ludwig dem bärtigen, zu. Der Giftbrief, welchen die verwittibte Pfalzgrävin darüber errichtet am Sontag nach Pfingsten, das ist, den 14 Jun. 1416, ist TOLNERS *Cod. dipl. Palat.* n. CCXV, p. 161 einverleibt. Sie sagt darinnen, daß Sie schon ihrem Herrn Schwäher, König Ruprecht seligen, an ihrer Gravschaft zu Spanheim einen Theil verschrieben habe, laut der Briefe, die sowohl Sie demselben, als auch der König und sein ältester Sohn Ludwig Ihr übergeben hätten. Wir haben oben gezeigt, daß Sie dieses schon im Jahr 1408 und 1409 versprochen gehabt und zwar zu Gunst ihres jüngern Schwagers, Herzog Stephans, als er ihre Baase Anna von Veldenz heyrathen sollte. Vermög dieses letztern Uebergabbriefes aber scheint sie ihr Versprechen wiederholt und verbrieft zu haben. Ferner meldet Sie, daß Sie zu der Zeit der Meinung gewesen, und noch seye, daß denselben Theil ein Pfalzgrav, der zu einer jeglichen Zeit die Mannschaft, Schloß, Land und Leute zu der Pfalz gehörig innehabe, das ist ein Pfalzgrav Kurfürst seye, auch innehaben und besitzen solle, Sie auch wohl gewust habe, daß keiner unter Ihren Schwägern Sie sowohl beschirmen möge, als der Pfalzgrav Kurfürst, Ludwig. Mich daucht, daß daraus ziemlich eine Rechtfertigung Ihres geänderten Sinnes hervorleuchte. Da aber der an Kurpfalz übergebene Theil nur ein Fünftheil der vordern Gravschaft Spanheim war: So solten hingegen die übrige vier Fünftheil Ihrem nächsten Erben und Vettern Grav Johann zu Spanheim Starckenburg, als dessen Mutter Elisabeth Ihre Tante gewesen, zufallen. Sie setzte dem zufolg sowohl Kurfürst Ludwigen von der Pfalz als Graven Johann in den Besitz und Gemeinschaft Ihrer Gravschaft. Jener reversirte sich dagegen, daß Er Ihr so viel jährlichen Zinß liefern wolle, als von dem Ihm übergebnen Fünftheil fallen möchte, und verwieß Ihr dieselbe auf den Zoll zu Bacharach. Dieser aber, der auch seine Einwilligung in die an Kurpfalz gethane Schenkung gegeben, verschiebe sich vor sich und seine Erben, seine liebe Frau Baaß, solang Sie im Leben wäre, in keinen Gülten, Renten oder Gefällen in Schlossen Ihrer Graueschaft zu hindern, sondern sie gütlich zu schützen und darinn sitzen zu lassen. Auch verglichen sich Kurfürst Ludwig,

wig, die verwittibte Pfalzgrävin Elisabeth und Grav Johann auf den Montag nach Dorotheentag 1416 den 10 Febr. eines Burgfriedens in nachgeschriebenen Burgen, Schlossen, Steten, Thälern ꝛc. Creutzenach, Ebernburg, Gudenburg, Arnßwang, Numburg, Coppenstein, Gemündt und Kirberg ꝛc. Alles dieses ist durch noch vorhandne Urkunden verbriest.

§. 18.

Die verwittibte Pfalzgrävin Elisabeth von Spanheim lebte noch 1417, in welchem Jahr den 15ten Junius Sie das §. 3 schon angeführte Testament errichtete, welchem zufolge ein Altar in der Pfarrkirchen zu Creutznach errichtet, und zwey darauf bestellte Priester unterhalten werden sollen. Sie legirte darinnen ferner etlichen Klöstern und Dienern an 3000 fl., und vermachte endlich ihre übrige Haab in allen Schlössern und Landen disseits der Mosel, oder in ihrer Gravschaft Spanheim, Ihrem Vettern Graven Johann zu Sponheim Starckenburg, die aber, so jenseit der Mosel in der Gravschaft Vianden vorfindlich war, ihrem Neven Grav Engelbrecht von Nassau. Eben dieser Grav Engelbrecht war auch ihr Erbe in Ansehung der Gravschaft Vianden selbst, weil seine Grosmutter Adelheid Grävin von Vianden, die Schwester von ihrer Mutter gewesen war; siehe in des Herrn geheimden Raths **Reinhard** Juristisch und Historischen kleinen Ausführungen zweytem Theil die 12te Ausführung, Geschlechtregister der Nassau Ottonischen Linie §. XXXII, p. 226 & 227, woselbst jedoch Verbesserungen nöthig scheinen. Daß aber unsere Elisabeth noch eben dieses Jahr verstorben, erhellt daraus, daß auf S. Catharinen Abend, also den 24ten November, Kurfürst Ludwig und Grav Johann zu Sponheim einer Theilung wegen Creutzenach überkommen sind, worauf auch ein Theilungsverglich oder Mutbescheid zwischen Ihnen die Schlösser Ebernburg, Gutenberg, Coppenstein, Gemündt, Nünburg und die gemeine Häuser und Hofstatten zu Kirchberg betreffend, den 5ten December, dominica post festum Andreae erfolget ist. Elisabeth fand ihr Grab zu Creutzenach in der Pfarrkirche, und zwar in dem Chor neben dem Grabmahl Ihres Vatters.

§. 19.

§. 19.

Niemand war mißvergnügter mit diesem Ausgang der Sachen, als Herzog Stephan zu Zweybrücken und Simmern. Es fielen zwar die Ihme Kraft der Rupertinischen Theilung 1410 zugetheilte Burg und Städte Wachenheim, Lambsheim und Agersheim, welche Elisabeth von Spanheim, verwittwete Pfalzgrävin, widumbsweise inne gehabt, mit Ihrem Tode anheim, aber er sahe auch zugleich alle Hofnung eines Erbtheils an den Spanheimischen Creutznachischen Landen, womit Sie Ihm vor 8 Jahren bey seiner Eheberedung mit Anna von Veldenz geschmeichelt hatte, vernichtigt. Er wolte jedoch sein Ihm vermeintlich zukommendes Recht um desto mehr behaupten, als er bereits von dem Bischof zu Speyer, Raban, im Jahr 1408 den 12ten November mit Creutznach war belehnt worden. Allein Kurfürst Ludwig, der die klare und rechtmässige Uebergabe vor sich hatte, bestund darauf um so mehr, als Creutznach kein Speyrisch Lehen seye, welches auch der Wahrheit gemäß war, wie dann noch im Jahr 1415 auf Freitag vor S. Michaelstag die Elisabeth von Spanheim, nachdem sie die Lehen, so ihre Voreltern von dem Stift Speyer gehabt, wiederum gemuthet, nur mit der Vesten Than und ihren Zugehörungen von dem Bischof Raban belehnt worden. Obiger Irrung halber begab sich Herzog Stephan noch bey Lebzeiten der Elisabeth von Spanheim seiner Schwägerin, nach Costnitz, wo damals auch sein Herr Bruder, Kurfürst Ludwig, bey dem Concilio gegenwärtig war. Damals liesse er sich zu Costnitz von Kurfürst Friedrich zu Brandenburg, seiner Mutter Bruder, am Freitag nach dem Sontag Cantate, von seinem Bruder, Pfalzgrav Johann auf den Mittwoch vor dem Sontag voce Jucunditatis, und von Wernher Ernst von Sant Gewer, Licentiat der Geistlichen Rechte am Sontag Quasimodogeniti die oben angeführte Zeugnisse ausfertigen. Es kam aber durch Vermittelung des Bischofs von Passau, und Kurfürst Friederichs von Brandenburg zwischen Ihnen zu einem Anlaß. Worauf nachgehends beyde Theil den Bischof zu Verden, den Abt zu Murbach, 10 Graven, 17 Herren, 4 Meister oder Doctores der Geistlichen Rechten und 26

 von

von Adel zu Schiedsrichtern setzten, durch welche auch noch selbiges Jahr zu Worms das Erbfünftheil der vordern Gravschaft Spanheim dem Herzog Stephan ab und hingegen Kurfürst Ludwigen zuerkant wurde, wie auch einige andere Späne und Ansprüche abgethan worden, wie solches zum theil mein Großvater, der Professor JOHANNIS, in dem in teutscher Sprach kurz verfaßten Leben Herzog Stephans §. VII und VIII erzählet.

§ 20.

Es folgten also beyde Herrn, Kurfürst Ludwig von der Pfalz und Grav Johann von Spanheim, in Land und Leuten der Gravschaft Spanheim Kraft der Gemeinschaft und des dinglichen Rechts, so Ihnen dadurch zur Versicherung der Erbschaft war gegeben worden. Sie gründete sich in Ansehung Kurfürst Ludewigs auf die 1416 zu seinem Vortheil gethanene Schenkung unter Lebendigen; und in Ansehung Graven Johanns war die nächste Verwandschaft der Beweggrund, warum Sie Ihn zu vier Fünftheilen in Gemeinschaft aufnahm und ihm dadurch sein Erbrecht versichern wolte. So sagt dieser Grav Johann in dem Beinheimer Entscheid, daß er solche Theile der vordern Grävschaft von seiner Baasen, Frau Elisabeth, seines Oheims Grav Simons seligen Tochter, geerbet habe. In eben diesem Entscheid, die Grävlich-Spanheimische Erbfolge betreffend, den man in oftgerühmten Herrn REINHARDS **Neuen Anmerkungen von der Lehnsfolge aus der Gemeinschaft** rc. 1762 Urkunden num. IX, desgleichen in den *Notaminibus super Struvii formula successionis*, Beylagen, Lit. H eingedruckt findet, setzte Grav Johann von Spanheim, weil er keine Leibeserben hatte, seines Vatters Schwestern Söhne Markgraven Bernhard zu Baden und Grav Friedrich zu Velden, jeden zur Helfte sowohl der von seinem Vater als auch seiner Baase Elisabeth geerbten Gravschaften und Schlossen zu Erben ein. So hatte auch schon dieses Johannis des letzten Großvater, Grav Johann der III, der Blinde oder Edle zubenahmt, und seine Gemahlin Mechtild oder Metza von Bayern (Pfalzgrav Rudolfs des I Tochter) laut des Reversallehenbriefs von 1338, welcher in des fürtreflichen

Canzley-

Canzley-Directors KOPP Proben des Teutschen Lehenrechts / zweyten Theils, zweyten Abhandlung, von dem Heimfall des Obereigenthums an die Lehenleute / Beylagen, N. 15, p. 270 und 271 zu lesen ist, verordnet, daß wann Er ohne männliche Erben abgehen würde, die Töchtern, und falls deren keine vorhanden wären, seine Brüder Heinrich und Godfried, welches ausgewiesene Herrn waren, die Verzicht gethan hatten mit ihren Kindern beiderley Geschlechts, endlich auf den Fall, wann auch diese abgegangen seyn würden, seines Vaters Schwester, vermählte Grävin von Veldentz, und ihre Kinder beyderley Geschlechs, in den hintern Spanheimisch-Grävlichen Landen und Lehen folgen sollen. Es ergibt sich aus dem bißherigen die in den Spanheimischen Häusern eingeführte und auf Grundtheilungen sich gründende Erbfolge der Töchter so klar, das man den Ungrund der von dem Canzler von LUDEWIG in seiner **Erläuterten Güldnen Bulle** erstem Theil, p. 149 dahin geschriebenen Meinung, als ob den Herrn Graven von Sayn und Wittgenstein, als Agnaten, oder Abkömmlingen der uralten Graven von Spanheim, ein Recht der Succession zugekommen wäre, welches sie bey dem Abgang des Spanheimischen Mannsstamms nicht geltend zu machen gewußt hätten, nunmehro leichter begreifen wird, als wann man auf eine seltsame Weise den Herrn Graven zu Sayn und Wittgenstein die Abstammung von den Graven zu Spanheim abläugnen, und diese wohl gar von jenen herleiten will.

p. 7 § 3 Zeile 20 nach dem Wort **desselben** lies noch **und**.
p. 9 in der letzten Zeile, **Januarius** lies **Februarius**.
p. 11 Zeile 11 **in dem Jahr** 1392 lies 1392.
p. 12 Zeile 7 **im Jahr** 1391 lies 1392.
p. 13 **Rudolf** 2, Zeile 12: 1328 lies 1338.
p. 17 § 13 **vom Jahr** 1274 lies 1374.
p. 22 Zeile 2 **und** lies **von**.

Beylagen

N. I Instrument über der Grävin Elisabeth zu Spanheim, Gravs Simon des letzten von Spanheim zu Creutznach Tochter, Verzicht auf Väterliches und Mütterliches, Land und Leute, bis auf einen ledigen Anfall, 1381.

In Gots Namen Amen, Kunt sey allen den die dis uffin Instrument ansehend, oder horent lesen, das in dem jare nach Gots Geburte dusend druhundert jar vnd darnach in dem eyne vnd achzegisten jare in der Verdin indicktion nach der edil Römer Zahl, bey des allerheyligesten in Gode Vatir vnd Herrn, Herrn Urbans von Godes Gnaden Babisten gezüten, des sesten in dem Namen, in dem verdin Jahre sins Babistumps, in dem Mande den man nennet zu latyne Junius vnd den sibinden Tag desselben Mandis, zu vester Züt desselben Tagis odir vmb die Maße, in der Stadt zu Crutzenachen, in dem Hoffe da die Lamperter zu Gezyten inne wohneten, Stunt der Edil Herre Graue Symon Graue zu Spanheym vnd zu Vyaindin vnd die Edil Frauwe Maria, sin Eliche Frauwe, Grefinnen daselbis, vnd bit yn die Ediln Juncherren Walrame vnd Junfrauen Elisabeth ir Kinde, vnd die Edil Junfrauwe Elisabet ir Tochter sprach bit guten Willen ane allen betwang: Ich verzyhe gentzlich uff die Graueschafft zu Spanheym vnd vff die Graueschafft zu Vyanden, uff alle Stede, Borge, Vestin, Dorfern, Lant, Lude, Gulte Gute, Zinse, Rente vnd uf alle Herschaft dazu vnd darin gehörig Iß sy eygen, Erbe oder Lehen, vnd uf allez daz myn Vadir vnde myn Muder ytzunt hant odir hernach gewinnen mogent, Irsucht vnd unirsucht, nust nit ußgenommen, also daz ich, noch nyman von mynen wegen, sich numer keyns rechten noch Ansprachen darzu ensal noch enmag vermissen, gefordern, gesuchen, noch gehabeh, in keyne Wys, wand ich var mich vnd alle die myne gentzlich vnd

umer

unter ewecklich darauff virzyhen, vnd dun daz umb solch zugelt mir myn Vadir vnd myn Mudir geredt, globet, bewyset, verschrieben, versiegelt und wol versichert hant, mit solchen Vorworten, wer iz sache daß myn Vadir vnd myn Mudir vnd Walram myn Bruder vorgen. abegingen von Dode ane rechte Lybis erben, da Got vor sy, so solde ich danne wedir zu den Graueschafften vnd Herschafften kumen vnd myn rechten darzu han in alle der Maßen ich darzu gebohren bin. Daz verbote der Edil Herre Graue Symon vorgenannt vor Heintze Schaffe, Scholt. zu Crucenachen, Johann Kannengießir, Cunrad Walduchuser, Hennen von Wintzenh. vnd Henne Nepchin, alle Scheffen daselbis zu Cruzenachen, alß da recht vnd Gewohnheit ist, die auch da geginwurtig stunden, und da diz alles also geschah, da hiesch der obg. Heirre mich uffin Schreiber hie nach geschr. daruber nach Gewonheyde myns Ampts vnd bat mich daß ich yme darüber mechte eyn uffin Instrument in der besten Formen so ich kunde, das ich auch gethan habe.

Disse Ding sind gescheen, gehandelt und virbot vor Scholt. vnd Scheffen vorgen. in dem jare, in der indicktion, in dem Mande, uff dem Dage, zu der Zyt vnd an der stat vorgen. vnd sint hiebey gewest, der Edil Her Hermann, Herre zu Brandenborg, die Vestin Rittern Her Wilhelm von Orley Her Ydel Wolf von Spanheim, der erbar wyse Mann Herr Clas von Bleynichin, pastor zu Münster Appelen, Wylche von Dylle, Henner von Cruzenachen, Walrame von Coppensteyn, Johann von Wynlsh. Edilknechte, vnd andir erbir Luten vil, die da umb stunden, und darzu als gezügen geheyschen, und gebetin worden.

(Signum Notarii.)

Und ich Peter, Herckwins son von Crützenach, Pastor zu Windenscheym, Mentzer Byssedumys, ein ufin Schriber von Kayserlicher Gewalt, wand ich bit dissen obgeschr. Gezügen bey allin vorgeschr. Sachin, stücken vnd articlen, wie

wie sie vor irzalt underscheyden vnnd geschr. stent, gewest bin, sie also gesehen vnd gehoret han, darumb han ich diz vsin Instrument darübir gemacht, bit myner hant geschr. bit myner gewonlichen Zeychen gezeychint, geheyschen vnd gebedin zu Gezügnissen aller vorgeschr. Dinge.

N. II Rubricken von Urkunden, so die Eheberedung, das Hinlichsgeld, die Bewidmung und die Morgengabe bey der Verlöbniß und Vermählung der Grävin Elisabeth von Spanheim mit Grav Engelbrecht on der Mark betreffend 1381 ausgefertigt worden, wie solche in einem alten Repertorio eingetragen sind.

(1) Graff Engelbert von der Marckhenn bekennet mit Freulin Elisabethen Graff Simons zu Sponheim Tochter ein Heuradt abgeredt zu haben, auch wie eß Jrer beyder Zubringens halber Künfftiglich gehalten werden soll des Anfangs **Wir Engelbrecht Graue von der Marckhenn** / vnd am dato **den nechsten Freitag vor dem Palmtag in dem Jar / da man zalt na Christi Geburtt** 1381.

(2) Ein Brieff welcher gestalt Graff Simon zu Spanheim, Frewlin Elisabetham seine Tochter, so er Graff Engelbrechten von der Marckhen ehelichen Verheurat 12000 fl heurats Geld verschrieben vnd sie verwiesen, vf die Herrschafft Grimburg vnd von Landerscheidt dauon Jerlich 1200 fl Nutzung zu empfahen, des Anfangs: **Wir Simon Graue zu Sponheim vnd zu Viandenn** vnd am dato **zu Coblentz in der Statt vf den nechsten Freitag vor dem Palmtag** 1381.

(3) Ein Widem Brieff, wie Graff Engelbrecht nachmals sein eheliche Gemahlin Fraw Elisabeth, Gräffin zu Spanheim bewidmet hat vf Burg vnd Schloß Wetter mit Burgmann vnd Ambte auch aller Zugehörung, darzu Jr 1300 fl Gelts Jerlichen vf den hei-

ligen Cristag gnuglichen zu handreichen, des Anfangs: **Wir Engelbrecht Graue von der Marcke** vnnd am dato **Sontag als man in der heiligen Kirche singet** *Cantate Domino* **In den Jaren vnsers Herrn da man schriebe** 1381.

(4) Ein Brieff als obgemelter Graff Engelbrecht von der Marckhenn darauff sein ehelich Gemahlin Frau Elisabeth Gräffin zu Spanheim Ires Widumbs versichert vf Burg und Schloß wetter, dazu auch Burg vnd Schloß Wolmenstein, mit allen den Zugehörungen ersucht vnd vnersucht, des Anfangs: **Wir Engelbrecht Graue von der Marcke** rc vnnd am dato **zu Wetter des Gudenstages nach S. Margreten Tag in den Jaren da man schrieb vor Christi Geburt** 1381.

(5) Ein Brief darinnen oftgedachter Graff Engelbrecht von der Marckhen bekendt, daß Fraw Elisabethen seine eheliche Gemahlin den Hoff Holthusen in dem Ambt zu Hurtte gelegen, mit allen desselben Zugehörungen nichts nit ußgenommen zu rechter Morgengab geben hat, also anfahendt: **Wir Engelbrecht Graue vonn der Marckhenn / erkennen offentlich** rc. vnd zu Ende **da Man zalte nach Christi Geburt** 1381 **Jar vf S. Margreten tag / der heiligen Jungfrawenn.**

N. III. Morgengabsbrief Pfalzgrav Ruprechts Pipan (1) für seine Gemahlin Elisabeth von Spanheim. 1392. Ex Orig.

Wir Ruprecht der Jüngste von Gots Gnaden Pfalzgraue bey Rine, vnd Hertzog in Beyern, bekennen vns offenbar mit diesem Briefe, daz wir die Hochgeborn Frauwe, Elizabeth von Spanheim vnd von Vyanden, vnsser liebe Eliche Hußfrauwe gemorgengabt haben, vnd zu Morgengabe geben mit crafft diß Brieses, drudusent Guter und geber Gulden, vnd bewisen sie, dieselben drudusent Gulden off vnserm Hoffe Heinsheim nydenwendig Manheim am Ryne by Friesenheim gelegen mit sin Zugehörunge, daz sie dieselben dru dusent Gulden daroff haben, nießen vnd gebruchen sal, alz Morgengabe nach des

Landes

Landes recht und Gewonheit ist, ane Geuerde Und allez daß hie forgeschr. stet, versprechen und globen wir Hertzog Ruprecht der Jüngste obg. für uns und unser erben feste und stete zu halten ane alle Geuerde, Und darumb so han wir zu Urkund unser Ingesigel dun hencken an disen Brieff. Und wir Ruprecht der Elter von Gots Gnaden Pfaltz Graue by Rine, des heilgen Romschen Richs oberster Druchseße und Hertzoge in Beyern, und Wir Ruprecht der Jünger von derselben Gnaden Pfaltz-Graue by Rine, und Herzog in Beyern bekenne, wann der obg. Hertzog Ruprecht der Jüngste, unser liebe Enckel und Son, die obg. unser liebe Dochter Elizabeth mit unserm Wissen, willen und verhengniß gemorgengabt, und zu Morgengabe bewiset hat, dru dusent Gulden off den obg. Hoff Heinsheim mit seiner Zugehörung alz forgeschr. stet, So geben wir auch darzu unser Crafft, willen und Verhengniß mit diesem unserm Briefe; Und sollen und wollen auch daz feste und stete halten, für uns und unser. erben, in aller maßen als forgeschr. stet, und nit darwieder zu tun in dheine Wise ane alle Geuerde und allez dez . . . . stet besonder und sament . . . Hertzog Ruprecht der Elter und Hertzog Ruprecht der Jünger . . . . : für uns und unser erben. Und des zur Urkund so han wir samentlich unser Ingesigel an diesen Brief dun hencken. Geben zu Altzey off den Freitag nach sant Johan . . . . drutzehenhundert und in dem zwey und nuntzigisten.

(1) Daß der Zunahme Pipan unserm Ruprecht gegeben worden, um Ihn von Ruprecht dem Aeltesten, dem Aeltern, und dem Jüngern, die noch alle mit Ihm zugleich gelebt haben, zu unterscheiden, und er mithin so viel seye, als das Kind/ der allerjüngste, bedarf nicht einmahl bewiesen zu werden.

IIII.

N. IIII. Bewidmungsbrief Pfalzgrav Ruprechts Pipan für seine Gemahlin Elisabeth, 1392. Ex Orig.

Wir Ruprecht der Jüngste von Gods Gnaden Pfaltzgrave by Ryne vnd Hertzog in Beyern bekennen vns offenbar mit diesem Brief, das Wir mit gutem Willen und verhengnisse der Durchluchtigsten Fürsten vnd Herren, Herren Ruprecht des Eltern unsirs lieben Herren vnd Anherren, vnd Herren Ruprecht des Jüngern vnsers lieben Herrn vnd Vatters Pfaltzgrauen by Ryne vnd Hertzogen in Beyern, die hochgeborn Frauwen Elizabeth von Spanheim vnd von Vyanden, vnser liebe Eliche Hußfrauwe bewyedempt vnd bewist han, bewyedemen vnd bewisen sie mit crafft diß Briefs, in der besten Forme, als das allerbeste Crafft vnd Macht haben sol vnd mag, off dise nachgeschriben unsir Slosse mit Namen off Lantßheim, vnd Agersheim, vnßere Stetden, vnd off Wachenheim Burg vnd Stat, mit Dorffern Gerichten Ludten Gutern Gulten Zinsen Wingulten Korngulten nutzen Renten gefellen, fischeryen, wassern weyden, mit dem Zolle off der Hutten, vnd mit allen iren Zugehorungen gesucht vnd vngesucht nuß nit vßgenomen, also das sie die obgenant Burge vnd Stetde mit allen iren Zugehorungen, so wir nit enweren ob sie vns ubirlebt Innehaben besitzen nutzen vnd genyessen sol ir leptage vnd ir Lypzucht dauon han, als von rechten Wyedeme vnd als Wyedemps recht vnd Gewonheit ist, ane Hindernisse und irrunge vnsir erben, vnd eins iglichen von unsern wegen, vnd sollen sie auch vnsir Erben by dem obgenant irem Wyedem iren leptagen getruwelichen hanthaben, beschirmen vnd verentworten, gen allermenlich ane alle Geuerde, Es sollent auch die obgen. Burge vnd Stetde der obgen. vnsers lieben Herren und Anherren vnd vnsers lieben Herren vnd Vatters vnd irer erben offen Huser sin, sich daruß vnd darjn zu behelffen wider allermenglich ane alleyne gen vnserm Schweher Graue Symond von Spanheim obgen. ane Geuerde, wider den sie sich daruß noch darjnne nit behelffen oder yme schaden dun sollent, Doch ane der obg. vnser Huß-

 frawen

frawen schaden, vnd off vnsir obgen. Herren, vnsers Herren vnd Anherren, vnd off vnsers Herren vnd Vatters vnd irer erben kosten vnd Mûwesal ane Geuerde, Wers auch das sie nach vnserm Tode eynen andern Elichen Man nemen wûrde, so habent vnser erben macht, daß sie die obgen. Burge vnd Stette mit iren Zugehörungen, iren Wyedemen von ir losen mogen, wann und welche Zyt sie wollen mit funfzehen dusent Guter Gulden ane Geuerde, und doch also das sie die obg. funfzehendusent Gulden sol mit ratde der obgen. vnsers Anherren vnd vnsers Vatters vnd irer Erben anlegen da sie sicher vnd wol beleget sin ane Geuerde der Pfaltze so sie nehst kan, vnd sol sie der Gulte dauon nyeßen vnd gebruchen ir leptage, vnd so sie von todes wegen abegangen ist sosollent als dann die obg. funffzehen dusent Gulden, vnd die Gulte, die damit gekaufft were, lediglich ane Hindernisse wider gefallen vnd werden vnsern erben und nyman anders ane furtzog vnd Geuerde, vnd wann sie auch als von Todes wegen abegangen ist, So sollen dieselben Slosse, Burge vnd Stetten mit iren Zugehörungen an vnser erben ledriclichen wider gefallen ane alle Hindernisse vnd geuerde, Auch sollent alletzyt ir Amptlutde die sie da hat oder gewynnet das alles als forgeschriben stet globen vnd sweren feste vnd stetde zu halten ane alle geuerde vnd alles das hie forgeschriben stet, versprechen wir für vns vnd vnser erben feste vnd stetde zu halten ane alle Geuerde, Vnd darumb so han wir zu Urkunde vnser Ingesigel dun hencken an disen Brief, vnd wir Hertzog Ruprecht der Elter vnd Hertzog Ruprecht der Jünger furgenant Bekennen wann der obgen. Hertzog Ruprecht der Jüngste vnsir lieber Enckel vnd Son, die obgen. vnser liebe Tochter Elyzabeth mit vnserm wissen willen vnd verhencknisse bewyedempt hat als forgeschrieben stet, off die obgenant Burge vnd Stetde mit iren Zugehorungen So geben wir auch darzu vnsern crafft, willen vnd verhencknisse mit disem vnserm brief, vnd sollen vnd wollen auch das feste vnd stede halten für vns vnd vnser erben ir leptage in allermaße als furgeschriben stet, vnd nie darwider zu tun in dheyn wise ane alle Geuerde, Es sollen auch vnser Amptlutde die wir itzunt in den obgen. Slossen haben oder hernach da gewynnen mogen, vnd auch vnsir Burgmanne die zu den obgen.

Slossen

Slossen gehorent vnd die Schultheißen, Burgermeister Radte vnd Burger gemeynlichen in den obgen. Stetten, der obgen. vnsir Dochter vnser Hertzog Ruprechts des Jüngsten eliche Hußfrauwen globen vnd sweren zu warten vnd gehorsam zu sin, als mit irem rechten Wyedem in aller Maße als fürgeschriben stet ane alle Geuerde vnd Argelist, Waz vorgeschriben stet besonder vnd sament globen wir Hertzog Ruprecht der Elter Hertzog Ruprecht der Jünger vnd Hertzog Ruprecht der Jüngste mit guten Truwen vnd mit rechter Warheit stete vnd feste zu halten für vns vnd vnser erben, Vnd des zu Vrkunde so han wir samentlichen vnser Ingesigell an diesen Brief dun hencken, Geben zu Altzey off den Fritag nach sant Johans Baptisten Tage als er entheupt warde, Nach Christi Geburt drutzehenhundert Jare vnd in dem zwey vnd nuntzigsten Jare.

V. Kurfürst Ruprecht des III Brief, worinn er der Elisabeth von Spanheim, seines ältesten Sohnes Wittwe, für ihr auf die Stadt Lauden an der Tauber belegtes Zugeld à 6000 fl jährlich mit 400 fl. auf den Zoll zu Germersheim beweist, 1398. Ex Originali.

Wir Ruprecht von Gots Gnaden Pfaltzgraue by Rin des heiligen Romischen Richs oberster Truchseß vnd Hertzog in Beyern Bekennen vnd dun kunt offenlich mit diesem Briefe Als der Edel vnser lieber Sweher vnd getruwer Symont Graue zu Spanheim vnd zu Vyanden vnserm lieben Son Hertzog Ruprecht dem Jüngsten seligen zu der Hochgebornen Fürstynne Elizabeth siner Elichen Hußfrauwen desselben vnsers Swehers Dochter zu Zugelte sehs dusent guter vnd geber Gulden geben vnd wol bezahlt hatte vnd derselbe Vnser lieber Son selige dieselben sehs dusent Gulden off vnser Stat Luden off der Duber gelegen, mit vnserm Willen und Verhencknis beleget vnd bewiset hatte Vnd wann leider derselbe vnser Sone ane Libes erben mit derselben siner Hußfrauwen von Dodes wegen

 abegangen

abegangen ist vnd wir darumb der obgenant Elizabeth, vnser lieben Dochter die vorgenant sehs dusent Gulden Zugelts wiedergeben, oder ir die obgenant vnser Stat Luden darfür Ingeantworten solten han, nach Lude des Brieffs den sie daruber von vns vnd dem obgenant vnserm Sone seligen hatte So sin wir mit dem obgenant vnserm lieben Sweher yrem Vatter, vnd ir, gutlichen vnd fruntlichen vberkomen, daz wir vnd vnser erben Pfaltzgraue by Rin der vorgenant vnser Dochter Elizabeth alle Jare von den obgenant sehs Dusend Gulden, vierhundert Gulden Gelts guter vnd geber Mentzer Werunge, geben vnd bezalen sollen vnd wollen als lange sie gelebet, vnd wir han sie derselben vierhundert Gulden Gelts bewiset vnd bewisen mit crafft diß Briefs off vnserm Zolle zu Germersheim Also daß vnser Zollschriber den wir itzunt da han oder den wir oder vnser erben vorgeschriben hernach da gewynenen, eyns iglichen Jars zu eyner iglichen Fronefasten hundert Gulden an den vorgenant vierhundert Gulden Goltes geben vnd bezalen sollen ane fürzuge vnd Hinderniß vnd sollen wir vnd vnser vorgeschriben erben daz alltzyt, also bestellen, daz ir das Gelte zu eyner iglichen Tzyt zuuor vor ander Bewisunge die off denselben Zolle weren bewiset also vngesumet werde, vnd daz ein iglicher vnser Zollschriber an dem obgenant vnserm Zolle der vorgenannt vnser Dochter auch in guten Truwen globen sal ir die vorgenant sume Gelts von vnserm Zolle Gelte daselbs alltzyt als vorgeschribin stet ane Hinderniß zu geben, als lange er Zollschriber da ist, ane alle Geuerde Vnd sal sie auch alltzyt ym so ir daz Gelte wirt ir besiegelt Quitantz darfür geben, vnd were ez das sie ane libes erben von Dodes wegen abeginge ee der vorgenant vnser lieber Swehet ir Vatter So sollen wir vnd vnser erben vnd Zollschriber vorgeschriben demselben vnserm Swecher als lange er gelebet, die vorgeschriben vierhundert Gulden Geltes alle Jare geben vnd bezalen, in aller massen als vorgeschriben stet, vnd wer ez daz die obgenant vnser Dochter erben von irem libe nach irem tode liesse, denselben iren Libes erben solten wir vnd vnser erben vnd zollschriber vorgeschriben die vorgeschriben vierhundert Gulden Gelts alle Jare geben vnd bezalen in aller Maß als vorges. stet als lange biz daz wir oder vnser erben dieselben Gulte

von

von denselben erben mit sechs dusent guter vnd geber Gulden, abe- gelosen ane alle Geuerde derselben losunge vns vnd vnsern erben, dieselben erben auch alltzyt gehorsam sin solten, ane alle Geuerde vnd wer ez daz der obg. vnser Sweher Graue Symont die vorgenant vnser vnd sin Dochter vberlebte vnd sie nit libes erben gelaßen hette vnd er dann so er von Dodes wegen abeginge, erben von sym libe ließ So solten wir vnd vnser vorg. erben vnd zolschr. desselben si- nen libeserben die obgen. vierhundert Gulden Gelts auch alle Jare geben vnd bezalen als lange biz die von yn geloset werden in der Maß als vorgeschr. stet. Dieselben erben dann auch, in vorgeschribner Massen der Losunge alletzyt gehorsam sin solten, vnd wer ez daz die obgenant vnser liebe Dochter Elizabeth vnd der vorgenant vnser lieber Sweher Graue Symont beide ane erben von iren liben, von Dodes wegen abegiengen so solten die vorgeschribene vierhundert Gulden Gelts vnd auch die obgenante sehs dusent Gulden gentzlichen abe vnd ledig sin, vnd solten wir vnd vnser erben vorgeschr. die sehs dusent Gul- den, vnd die vierhundert Gulden Gelts andern iren erben oder Ymand anders nit geben noch schuldig sin zu geben in dheinerley Wise ane alle Geuerde vnd vnser vorgeschr. Zollschriber auch nit mee darfür haffte sin ane Geuerde und solte auch dann diser vnser Brieff dot vnd krafftloß sin vnd vns vnd vnsern vorgeschriben erben wieder geben werden ane Hinderniß und Geuerde, und herοff hat die vorgenant vnser liebe Dochter für sich vnd ir erben vns vnd vnsern erben die ob- genant vnser Stat Luden, mit ir Zugehörunge vnd vnser Burger vnd Lude daselbs von der vorgeschriben Belegunge vnd Bewisunge der vorgenant sehs dusent Gulden wegin gentzlich ledig vnd loß ge- laßen vnd gesaget vnd sollent auch die Brieff die sie darüber hatte dot vnd crafftloß sin ane alle Geuerde, vnd alles daz hie vorgeschriben stet han wir Hertzog Ruprecht in guten truwen globt alltzyt feste vnd stete zu dun vnd zu halten, vßgescheiden alle Geuerde vnd ar- gelist, vnd han des alles zu Urkund für vns vnd vnser Erben vn- ser eigen Jngesigel an diesen Briff dun hencken. Geben zu Heidel- berg off den Dinstag vor vnsers Herren Offart tag Nach

 Crists

Crists Geburte drutzehen hundert Jare und darnach in dem Echt und nuntzigsten Jare.

†. S. RVPERTI COMITIS PALATINI RENI ET DVCIS BAVARIE.

N. VI. Rubrique aus einem alten Repertorio.

Ein Brieff, wie Graff Adolff von Cleue vnd von der Marckhen, Fraw Elisabethen von Spanheim, Pfaltzgrefin bey Rhein Hertzogin in Baiern, anstatt der Burg Wetter vnd Freiheit Wolmenstein, mit Landen, Leuten vnd Irer Zugehorde, So ir in Widumbsweiß verschrieben, sie verweiset vf den Zoll zu Kayserswerde, douon Jarlich 1000 fl einzunehmen vnd zu empfahen Ist der darüber vfgericht Reuers dabei gebunden, des Anfangs: **Wir Adolff Graue von Cleue vnd von der Marck** rc, vnnd am dato: **In dem Jare vnsers Herrn 1401 deß Freitags vf Sanct Martins Tag.**

N. VII. Pfalzgrav Ruprechts des III, Römischen Königs Austrag zwischen Grav Adolf von Clev und von der Marck, seinem Eidam, und Grav Simon von Spanheim, das Hinlichsgeld betreffend, so dieser Grav Engelbert von der Marck, als er die Elisabeth von Spanheim heyrathete, verschrieben, 1410. Ex libro copiali.

Wir Ruprecht von Gottes Gnaden Romischer König zu allen Zyten merer des Richs, bekennen und tun kunt offenbar mit diesem Briefe allen den die jn ansehen oder hören lesen, um solche Spenne und Zwyetracht, als gewesen sind züschen den Edeln Adolf Graven von Cleve und von der Marcke, Unserm lieben Sone und Getruwen, an eine Teile, und Symonde Grafe zu Spanheim und zu Vyanden, unserm lieben Swcher und Getrüwen an dem andern Teile, von zwölff zwölffhundert Gulden Gelts wegen, mit zwölf Tusend Gulden wieder abzulösen, die der vorgen. Grave Symond von Spanheim unser lieber Swehers für zyte Grave Engelbrechte von der Marcke seligen zu der Hochgebornen Fürstinnen Elisabeth von Spanheim siner Tochter, als er Jme die zu der Heiligen Ehe gab zu hinlichs und zugelte verschrieben hatte, nach Lute und sage der Briefe darüber von beyden siten gegeben und gemacht, dieselben Spenne und Zwytracht sie von beden siten zu Fründschaffte und Rechte an Uns gestalt hant wie wir sie darum in der Früntschafft oder mit dem Rechten entscheiden, daß sie also entscheiden sin, und das auch veste und stete halten sollen ane alle Geverde. Des entscheiden wir sie in der Früntschaffte in der Masse als hernach geschrieben stet, und zum Ersten um die zwölff hundert Gulden Gelds mit zwölf tusend Gulden abzülosen, dieweile Grafe Engelbrecht selige von tods wegen abgangen ist, und keinen Erben mit der vorgenannten unsern lieben Tochter Elisabeth von Spanheim gelassen hat, und auch dasselbe Geld von demselben Grafe Symonde unserm Sweher darkomnen und er das Grafe Engelbrechte seligen zu seiner Tochter zu Zugelde geben hat So entscheiden wir in der Früntschaffte daß dieselben zwölf tusend Gulden und die Gülte davon uf die vorgenannte Elisabeth unser und Grafe Symonds, unsers lieben Swehers Tochter gefallen sollen syn, und sal unser Son von Cleve vorgenannt nach denselben zwölf tusend Gulden Heuptgeldes oder auch der Gülte davon der zwölf hundert Gulden deheinerley Ansprache immer gehaben oder getun in deheine Wise ane alle Geverde. Auch als unsers Sohnes von Cleve Fründe von sinetwegen gefürdert hant, die Gülte der vorgenannten zwölff hundert Gulden Gelds von dritthalben Jahren, die Grafe Engelbrecht selige erlebt solle haben und die Jnn Grafe Symond unser Sweher vorgenannt nit bezahlt solle haben, Entscheiden wir in der Fründschefft Mag unser Sweher Grafe Symond vorgenannt mit guten versiegelten glaublichen Quitbriefen nit gewiesen, daß Er die Gülte der zwölfhundert Gülden Gelds dieselben dritthalb Jare Grafe Engelbrecht vorgenannt geben und bezahlt habe, So sall er unserm Sone von Cleve vorgenannt die Gülde von denselben dritthalb

halb Jahren noch bezalen hiezüschen und unserer Frauen Tage, als sie zu Himel fore Assumtio zu Latin necht kummt ane alle Geverde, Und um das letzte Jare darinn Grafe Engelbrecht selige von tods wegen abgangen ist, und unser Sohn von Cleve vorgenannt meint Grafe Engelbrecht von der Marck selige habe die Gulte der zwölf hundert Gülden Gelds desselben Jare herlebt, und unser Sweher Grafe Symond von Spanheim meynt, Grafe Engelbrecht habe die Gülte dasselbe Jare nit herlebt, Entscheiden wir auch in der Gütlicheit, daß unser Sweher Grafe Symond vorgenannt dem Vorgenannten unserm Sohne von Cleve die vorgenannte Gülte zwölf hundert Gülden von desselben lesten Jares wegen halbe das werdent mit Namen Sechs hundert Gülden geben und bezalen solle uf den vorgenannten unsern Frauen Tag Assnmtionis nest kumt ane Geverde, Und heruf sollen sie auch von beyden siten um die vorgenannte Zweytracht und Spenne luterlich und gentzlich verrichtet, vereynt und versünet sin, und sall auch unser San von Cleve obgenannt den Heuptbrief, den er von unserm Sweher Grafe Symond vorgenannt über die zwölf hundert Gulden Gelts mit zwölf tusend Gülden abzulösen, und was Er andere Briefe von derselben Sache wegen inhat unserm Swecher Grafe Symond von Spanheim vorgenennt unverzogelichen wiedergeben die auch gäntzlichen crafftloiß und unmechtig fürbasser seyn sollen, Und dieser Dinge aller zu warem Orkunde und vester Stedikeit haben wir unser Ingesiegel an diesen Brief thun hencken, der geben ist, und diese unser Entscheydunge ist geschehen zu Heidelberg uf Sant Marthias Tag des heiligen Zwölfbotten In dem Jare nach Christi Geburte vierzehenhundert Jare und darnach in dem zehenden Jare, unsers Richs in dem zehenden Jare.

N. VIII. Testament der verwittweten Pfalzgrävin, Elisabeth von Spanheim, 1417. Auszugsweise.

In Gottes Namen Amen Kund sy allen Luden die dissen Brieff und offen Instrument ansehent oder horent lesen daß in dem Jare da man

man zalte nach Christi Geburte dusend vyerhondert und sybenzehen Jare in der nunden Indicien nach der Edel Romer Zal und auch in der Zyt daß daß heylige Concilium zu Costentz was um eynen Babest zu kiesen und eyn eyndrechtigkeyt der heyligen Kirchen zu machen uff Dynstag des funfftzehenden Tagis in dem Maenden zu latin genant Junius und zu dutsche Brachmand umb die none Zyt oder na daby saß die Hochgeborn Fürstynne Frauwe Elisabeth Greffinne zu Spanheim zu Vyanden, Hertzoginne in Beyern Witwe in Genwirtikeyt myn offen schribers und der Erbern Gezuge hernachgeschreben und sprach mit gudem vorbedaichtem beradem Mude mit guden synnen und willen daß sie wol wiste, daß alle Dinge in Wandelonge stunden vergingen und zu nychte sich endeten sie enworden dan sunderlich von den Gnaden Gots behalden und daß nit sicherer were dann der Doit und nit unsicheret dann die stonde des Dodes daß wolte sie ansehen und darumb zu eyner ordenunge satzunge und ewegen Selengerete Gote zu lobe und zu heyle und Troist yr Selen machen, und machte die auch in der Maß nachgeschreben folget, zum ersten befail sie yr Sele In die gnade und barmhertzigkeit deß Almechtigen Gots und begerte yr lypliche Begrebde in dem Kore der Pharkirchen zu Crutzenachen zu haben by yrs lieben Herren und Vatters seligen Begrebden dem Got genaden wolle und wolte auch dieselbe yr Begrebde slecht und eynfeldig haben mit eyme slechten uffgelachten steyne, und off daß alle ir begirden und satzungen hernach geschreben sollen fürt bestalt und gehalten werden, so koyv und sehte sie darvber zu rechten truwenhelderen yre guden Fründe und Rede die Erbern hernach geschreben, zum ersten den Prior des Cloisters der Carmeliten zu Crutzenachen, Hern Johann Bleyche Pfernher zu Crutzenach, Herrn Johann Pastor von Kestelun, Herrn Peter yrn Capellan, Junchern Ulrich von Leyen, Junchern Brenner und Junchern Rudewin bede von Stromberg und befale den uff yre Sele disse satzunge und selegerede also zu bestellen zu dun und zu föllenfüren, daß sie nit antwurte dürfften geben an yrem lesten Gerieht. Vort begerte sie begengniß irs Doits jerliche nit anders zu begene dann mit Vigilien und Messen und Priesterschefften mit fünff liechten und dehey nen

 Kosten

Kosten noch Ydelkeyd als der wernlt Gewohnheyd ist zu halten noch zu dun vnd vff das vorgeschreben vnd zu eym ewegen gedechteniß yr selen des Edeln Graven Symons yrs Vatters der Edlen Frawen Marien Greffin ir Muter des Edlen Graven Walrams yrs Anchen der Edeln Frawen Elißabeth Greffin yr anfrawen des edlen yrs Bruders Graven Walrabe, der edlen yr Syster Junffrauwen Marien, des Edlen irs ersten Husherren Graven Engelbrecht von der Marck, des Hochgeborn Fürsten Hertzogs Ruprechts von Beyern des Jongen Pfaltzgraven by Rine irs zweyten vnd lesten Husherrn des Edlen Graven Johanns von Spanheim irs lieben Vettern vnd siner Muter, ir Wasen, vnd vorte aller yr aldern seligen Selen hait sie eyn ewig Testament gesatzt vnd gemacht, in der Maß hernach geschreben, Item begerte sie ernstlich vnd vesteclich vnd will es auch gehabt han daß eyn Altare in der Parren zu Crutzenach an yrs Vatters seligen vnd yr Begrebde sal gemacht vnd gewyhet werden in ere vnser lieben Frauwen sant Marien Magdalenen vnd sant Augustins vnd den zu bestedigen vnd zu begulten zu eynr ewegen Messen die alle tegelich daruff gehalten vnd gelesen sal werden dem Almechtigen Gott zu lobe, in Ere aller heiligen vnd zu Troist yrn Aldern, yrn Husshern, yrs Bruders, Süster, wasen, vettern vnd yr Selen vnd vort aller yr Aldern in maß hernach geschreben ——————

Fort vber die vorgeschrieben Satzunge hat sie gesatzt alle Ire farende habe wie die genannt ist oder sin mag, in allen Iren Slossen vnnd Landen hie disseit Mosel als Crutzenach gelegen ist, zu einem rechten Selegerede dem Edeln Irem lieben Vettern Graven Johann zu Spanheim obgent. daß er die zu Jme nemen, halten, dabite thun vnd lassen sall vnd mag, wie vnd was Jme füget, ane allermeniglichs Hindernis Fort hat sie gesatzt alle Ir farende habe, wie die genannt ist, oder sin mag in allen Iren Slossen vnd Landen hinseit Moseln, als Vianden gelegen ist, zu eym rechten Selengerede dem Edeln Irem lieben Neven Engelbrecht Graven zu Nassauwe ꝛc. daß er die zu Jme nemen, halten, dabite thun vnd lassen mag vnd sall wie vnd was Jme füget ane alle Hindernis ———— Zu Orkund der vorgeschrieben Satzunge und Willens, so hat die Hochgeborne Fürstin Frauwe Elisabeth

Elisabeth vorgenannt Ir groß Ingesiegel an diesen Brief tun hencken, So hat der Wolgeborn Edel Herre Grave zu Spanheim, Ir Vetter geredt und gelobt mit sinen guten Truwen, alle vorgeschrieben Satzungen stete feste vnd vngekrencket zu halten, zu vollenfüren vnd lassen verliben in der Maß sie herinn begriffen vnd vorgeschrieben steent, vnd hait des zu Gezugnis sin Ingesiegel an diesen Brief tun hencken by der vorgenannten Frauen Elisabeth Ingesiegel, So hant forte die Erber Lute, Scholtes vnd Scheffene zu Crützenachen Ir Gerichts Ingesiegel auch an diesen Brief vnd offen Instrument gehangen von Geheiß wegen der vorgenannten Frawen Elisabeth. Alle vorgeschrieben Sachen sind gescheen zu Crutzenach vf der Borg, Mentzer Bistums, in myner Frauwen vorgen. Kammer, des Jars, des Maends, des Tages, der Stonde vnd Inditien vorgeschrieben, und sint hiebey geweste die Erbern Lute Herr Johann Babenhusen Priester Friedrich Schaiff Scholtheß, Eberhard Kindelmann, Henne lange Contzen Son Jost und Conradus Schaif, Scheffene und Nicolaus Schruber, alle hierüber zu Gezügniß geheischen gebeten und geruffen.

Und ich Johannes genannt Spoler von Mentze geboren, offenschreiber von Babistlicher und Keyserlicher Gewelde und auch von den vorsichtigen erbaren Herren der Rechter des Heiligen Stols zu Mentze, versucht und bewert bin dieß Amt zu vben, want ich by der vorgeschriebenen Satzunge der Trumenhelter obgen. vnd aller ander Satzunge Ordnunge des Gutes zu der Seelen Heil, mit den obgenannten Gezügen by gewest, vnd sie also gehort vnd gesehen han, herum ich dieß Instrument einen andern getruwlichen han tun schriben, wannt ich ander ernstliche Dinge vor handen hatte, vnd myne gewonlichen Zeichen vnd Namen vnd mit angehangen Ingesiegelen des obgenannten Edeln Grafen Johans von Spanheim, und Schultheissen und Scheffen zu Crucenachen Gerichts Ingesiegel, by der obgen. Edeln Frauwen vnter myn Zygen und Unterschrifft gehencent hant, gezygent vnd vnterschrieben han geheissen vnd gebeten zu Gezückenisse aller vorgeschrieben Dinge.